FULL SCORE

WSL-18-012
<吹奏楽セレクション楽譜>

JIN-仁- Main Title

高見 優　作曲
郷間幹男　編曲

楽器編成表		
木管楽器	金管・弦楽器	打楽器・その他
Piccolo	B♭ Trumpet 1	Timpani
Flutes 1 (& *2)	B♭ Trumpet 2	Percussion 1
Oboe	*B♭ Trumpet 3*	...Tam-tam,Sleigh Bell,
Bassoon	F Horns 1 (& *2)	Bass Drum
E♭ Clarinet	F Horns 3 (& *4)	Percussion 2
B♭ Clarinet 1	Trombone 1	...Triangle,Crash Cymbals
B♭ Clarinet 2	Trombone 2	Percussion 3
B♭ Clarinet 3	*Trombone 3*	...Wind Chime,Suspended Cymbal
Alto Clarinet	Euphonium	Percussion 4
Bass Clarinet	Tuba	...Glockenspiel
Alto Saxophone 1	String Bass	*Piano*
Alto Saxophone 2		
Tenor Saxophone		
Baritone Saxophone		Full Score

＊イタリック表記の楽譜はオプション

Winds Score
Spielen Musik.

WindsScore
Spielen Musik.

JIN-仁- Main Title

髙見　優 作曲
郷間幹男 編曲

8
A
Picc.
Fl.1,(*2)
a2
*Ob.
Solo
*Bsn.
*E♭ Cl.
Cl.1
Solo
Cl.2
*Cl.3
*A.Cl.
B.Cl.
A.Sax.1
Opt.Ob.Solo
*A.Sax.2
T.Sax.
B.Sax.
A
Trp.1
Trp.2
*Trp.3
Hrn.1,(*2)
1.
Hrn.3,(*4)
3.
Trb.1
Trb.2
*Trb.3
Euph.
Tub.
St.B.
arco
pizz.
A
Timp.
Perc.1 (Sl.Bell)
Sl.Bell
Perc.2 (Tri.)
Perc.3 (S.Cymb.)
S.Cymb.
Perc.4 (Glock.)
*Pf.

15
B
Picc.
Fl.1,(*2)
*Ob.
*Bsn.
*E♭ Cl.
Cl.1
Cl.2
*Cl.3
*A.Cl.
B.Cl.
A.Sax.1
*A.Sax.2
T.Sax.
B.Sax.
Trp.1
Trp.2
*Trp.3
Hrn.1,(*2)
Hrn.3,(*4)
Trb.1
Trb.2
*Trb.3
Euph.
Tub.
St.B.
Timp.
Perc.1 (Sl.Bell)
Perc.2 (Tri.)
Perc.3 (S.Cymb.)
Perc.4 (Glock.)
*Pf.
Solo end
a2
arco

22
Picc.
Fl.1,(*2)
*Ob.
*Bsn.
*E♭ Cl.
Cl.1
Cl.2
*Cl.3
*A.Cl.
B.Cl.
A.Sax.1
*A.Sax.2
T.Sax.
B.Sax.
Trp.1
Trp.2
*Trp.3
Hrn.1,(*2)
Hrn.3,(*4)
Trb.1
Trb.2
*Trb.3
Euph.
Tub.
St.B.
Timp.
Perc.1
(Sl.Bell)
Perc.2
(Tri.)
Perc.3
(S.Cymb.)
Perc.4
(Glock.)
*Pf.
a2
Solo
Solo end
Open
Open
Open
a2

29
C
Picc.
Fl.1,(*2)
*Ob.
*Bsn.
*E♭ Cl.
Cl.1
Cl.2
*Cl.3
*A.Cl.
B.Cl.
A.Sax.1
*A.Sax.2
T.Sax.
B.Sax.
Trp.1
Trp.2
*Trp.3
Hrn.1,(*2)
Hrn.3,(*4)
Trb.1
Trb.2
*Trb.3
Euph.
Tub.
St.B.
pizz.
Timp.
Perc.1
(Sl.Bell)
Perc.2
(Tri.)
Perc.3
(S.Cymb.)
Perc.4
(Glock.)
*Pf.
a2

36
D
Picc.
Fl.1,(*2)
*Ob.
*Bsn.
*E♭ Cl.
Cl.1
Cl.2
*Cl.3
*A.Cl.
B.Cl.
A.Sax.1
*A.Sax.2
T.Sax.
B.Sax.
Trp.1
Trp.2
*Trp.3
Hrn.1,(*2)
Hrn.3,(*4)
Trb.1
Trb.2
*Trb.3
Euph.
Tub.
St.B.
Timp.
Perc.1 (Sl.Bell)
Perc.2 (Tri.)
Perc.3 (S.Cymb.)
Perc.4 (Glock.)
*Pf.
a2
arco

43
E
Picc.
Fl.1,(*2)
*Ob.
*Bsn.
*E♭ Cl.
Cl.1
Cl.2
*Cl.3
*A.Cl.
B.Cl.
A.Sax.1
*A.Sax.2
T.Sax.
B.Sax.
Trp.1
Trp.2
*Trp.3
Hrn.1,(*2)
Hrn.3,(*4)
Trb.1
Trb.2
*Trb.3
Euph.
Tub.
St.B.
Timp.
Perc.1 (B.D.)
Perc.2 (C.Cymb.)
Perc.3 (S.Cymb.)
Perc.4 (Glock.)
*Pf.
B.D.
C.Cymb.

50
F
Picc.
Fl.1,(*2)
*Ob.
*Bsn.
*E♭ Cl.
Cl.1
Cl.2
*Cl.3
*A.Cl.
B.Cl.
A.Sax.1
*A.Sax.2
T.Sax.
B.Sax.
Trp.1
Trp.2
*Trp.3
Hrn.1,(*2)
Hrn.3,(*4)
a2
Trb.1
Trb.2
*Trb.3
Euph.
Tub.
St.B.
Timp.
Perc.1
(B.D.)
Perc.2
(C.Cymb.)
Perc.3
(S.Cymb.)
Perc.4
(Glock.)
*Pf.

57
G
Picc.
Fl.1,(*2)
a2
Opt.Ob.
*Ob.
*Bsn.
*E♭ Cl.
Cl.1
Cl.2
*Cl.3
*A.Cl.
B.Cl.
A.Sax.1
*A.Sax.2
Opt.A.Sax.1
T.Sax.
B.Sax.
Trp.1
Trp.2
*Trp.3
Hrn.1,(*2)
Hrn.3,(*4)
Trb.1
Trb.2
*Trb.3
Euph.
Tub.
St.B.
Timp.
Perc.1
(B.D.)
Perc.2
(C.Cymb.)
Perc.3
(S.Cymb.)
Perc.4
(Glock.)
Tam-t.
Tri.
Opt.Pf.Solo
8va
Solo
*Pf.
mf
pp
p
mp
f

65
H
Picc.
Fl.1,(*2)
*Ob.
*Bsn.
*E♭ Cl.
Cl.1
Cl.2
*Cl.3
Opt.Cl.2
*A.Cl.
B.Cl.
A.Sax.1
Solo
*A.Sax.2
Opt.A.Sax.1 Solo
T.Sax.
B.Sax.
Trp.1
Trp.2
*Trp.3
Hrn.1,(*2)
a2
Hrn.3,(*4)
Trb.1
Trb.2
*Trb.3
Euph.
Tub.
St.B.
Timp.
Perc.1
(Sl.Bell)
Perc.2
(Tri.)
Perc.3
(S.Cymb.)
W.Chime
Perc.4
(Glock.)
*Pf.

72
I
Picc.
Fl.1,(*2)
Solo
mp
*Ob.
*Bsn.
*E♭ Cl.
Cl.1
Opt.
Cl.2
*Cl.3
*A.Cl.
B.Cl.
A.Sax.1
*A.Sax.2
T.Sax.
B.Sax.
Trp.1
Trp.2
*Trp.3
Hrn.1,(*2)
Hrn.3,(*4)
Trb.1
Trb.2
*Trb.3
Euph.
Tub.
St.B.
pizz.
Timp.
Perc.1 (Sl.Bell)
Sl.Bell
Perc.2 (Tri.)
p
Perc.3 (S.Cymb.)
Perc.4 (Glock.)
*Pf.

79
J
Picc.
Solo end
a2
Fl.1,(*2)
*Ob.
*Bsn.
*E♭ Cl.
Cl.1
Cl.2
*Cl.3
*A.Cl.
B.Cl.
A.Sax.1
*A.Sax.2
T.Sax.
B.Sax.
Trp.1
Trp.2
*Trp.3
Hrn.1,(*2)
Hrn.3,(*4)
Trb.1
Trb.2
*Trb.3
Euph.
Tub.
arco
St.B.
Timp.
Perc.1
(B.D.)
B.D.
Perc.2
(C.Cymb.)
C.Cymb.
Perc.3
(S.Cymb.)
S.Cymb.
Perc.4
(Glock.)
*Pf.

K
Solo
Solo end
Picc.
Fl.1,(*2)
*Ob.
*Bsn.
*E♭ Cl.
Cl.1
Cl.2
*Cl.3
*A.Cl.
B.Cl.
A.Sax.1
*A.Sax.2
T.Sax.
B.Sax.
Trp.1
Trp.2
*Trp.3
Hrn.1,(*2)
Hrn.3,(*4)
Trb.1
Trb.2
*Trb.3
Euph.
Tub.
St.B.
Timp.
Tam-t.(scrape w/coin)
Perc.1 (Tam-t.)
Perc.2 (C.Cymb.)
Perc.3 (S.Cymb.)
Perc.4 (Glock.)
sempre f
*Pf.

WindsScore
Spielen Musik.

ご注文について

ウィンズスコアの商品は全国の楽器店、ならびに書店にてお求めになれますが、店頭でのご購入が困難な場合、当社PC&モバイルサイト・FAX・電話からのご注文で、直接ご購入が可能です。

◎当社PCサイトでのご注文方法

http://www.winds-score.com

上記のURLへアクセスし、WEBショップにてご注文ください。

◎FAXでのご注文方法

FAX.03-6809-0594

24時間、ご注文を承ります。当社サイトよりFAXご注文用紙をダウンロードし、
印刷、ご記入の上ご送信ください。

◎お電話でのご注文方法

TEL.0120-713-771

営業時間内に電話いただければ、電話にてご注文を承ります。

◎モバイルサイトでのご注文方法

右のQRコードを読み取ってアクセスいただくか、
URLを直接ご入力ください。

WindsScore
Spielen Musik.

JIN-仁- Main Title

高見　優 作曲
郷間幹男 編曲

MEMO

JIN-仁- Main Title

高見　優 作曲
郷間幹男 編曲

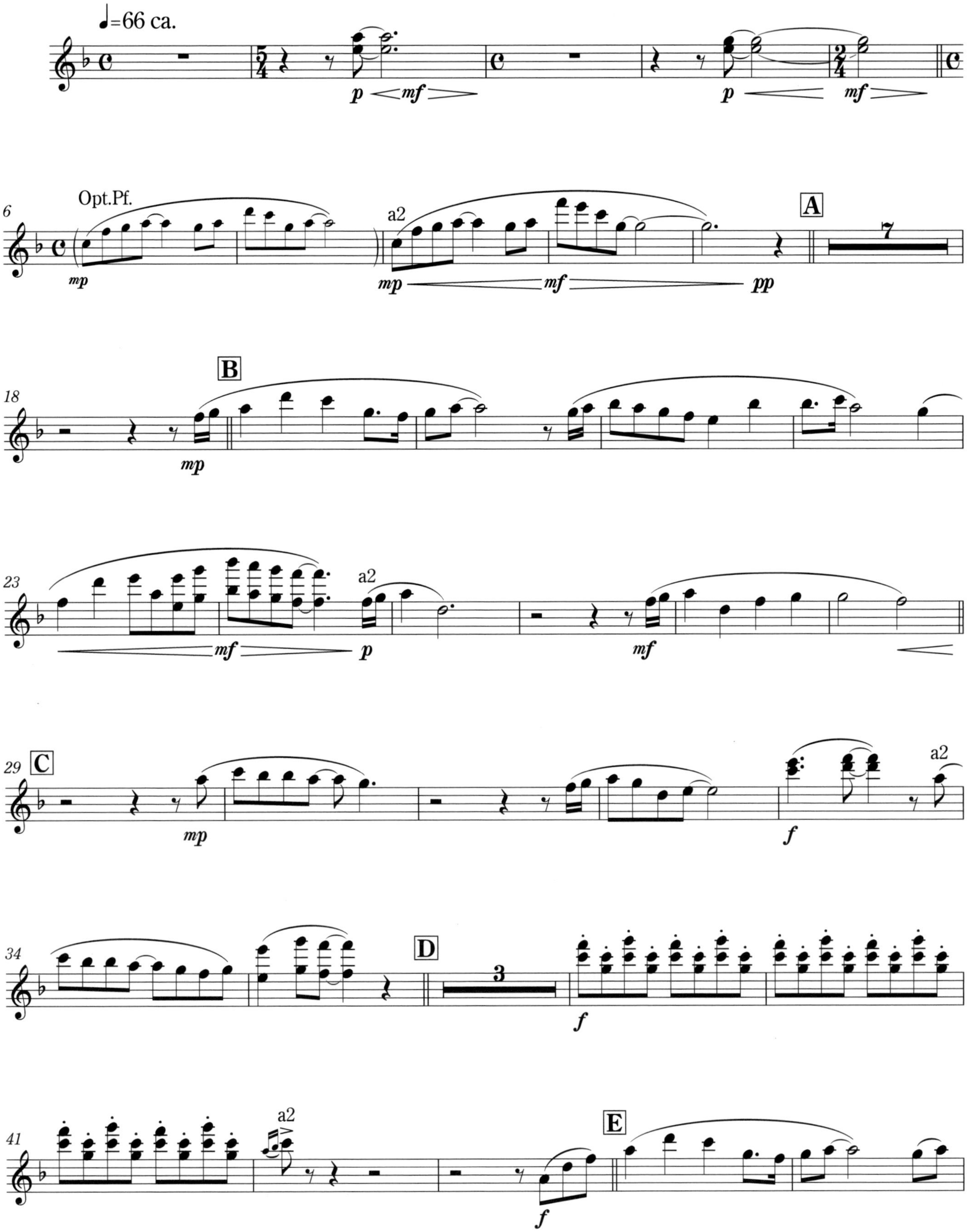

46
51
F
ff
56
a2
mf
pp
G
3
64
Opt.Ob.
H
mp
mf
70
I
Solo
mp
pp
76
Solo end
a2
J
ff
82
Solo
mp
87
K
Solo end
mf
f
mp
pp

JIN-仁- Main Title

高見　優 作曲
鄉間幹男 編曲

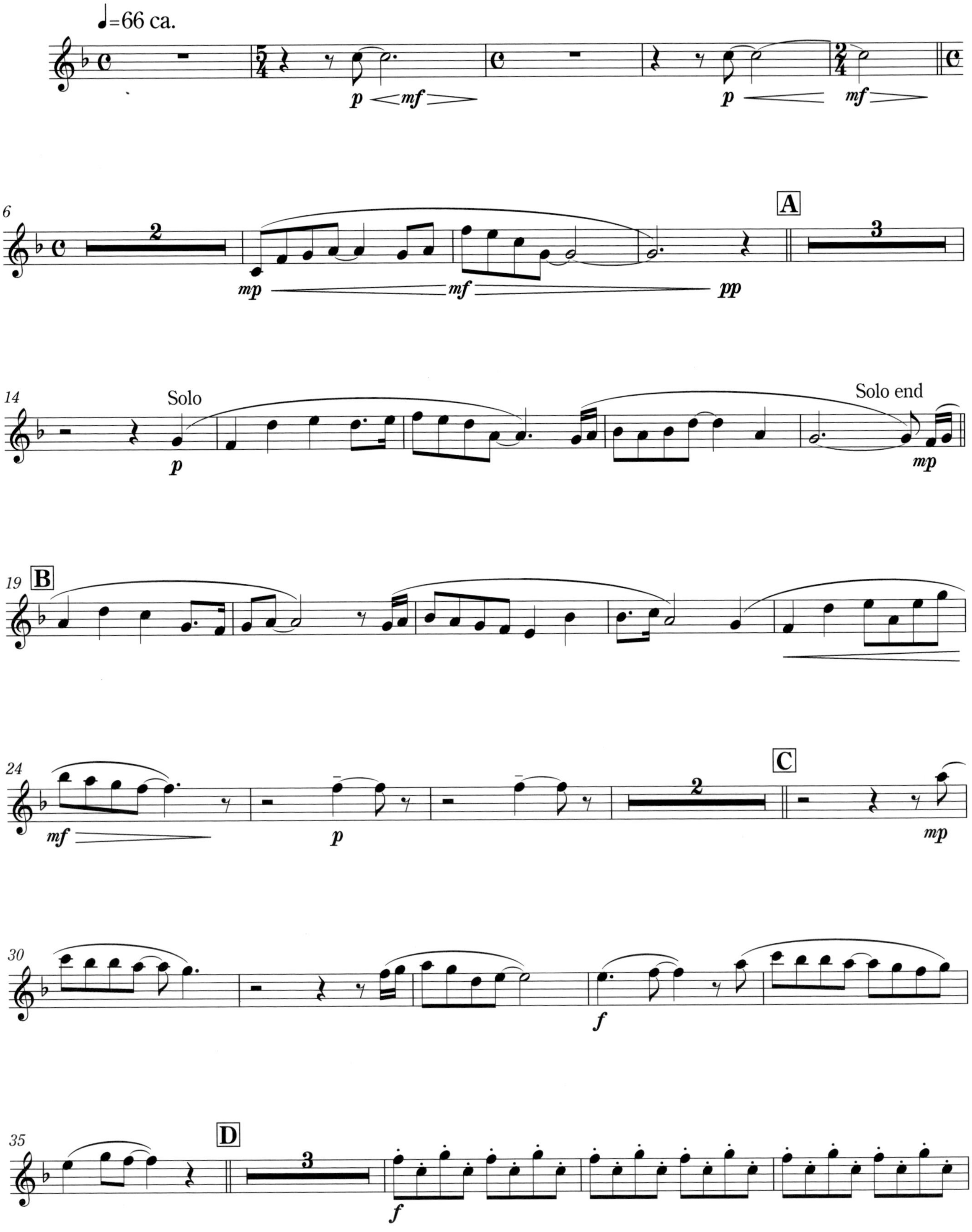

42
E
f
47
ff
52
F
57
G
3
mf
pp
mp
65
H
mf
71
I
7
J
pp
ff
82
mp
87
K
mf
f
mp
pp

JIN-仁- Main Title

髙見　優 作曲
郷間幹男 編曲

MEMO

JIN-仁- Main Title

高見　優 作曲
郷間幹男 編曲

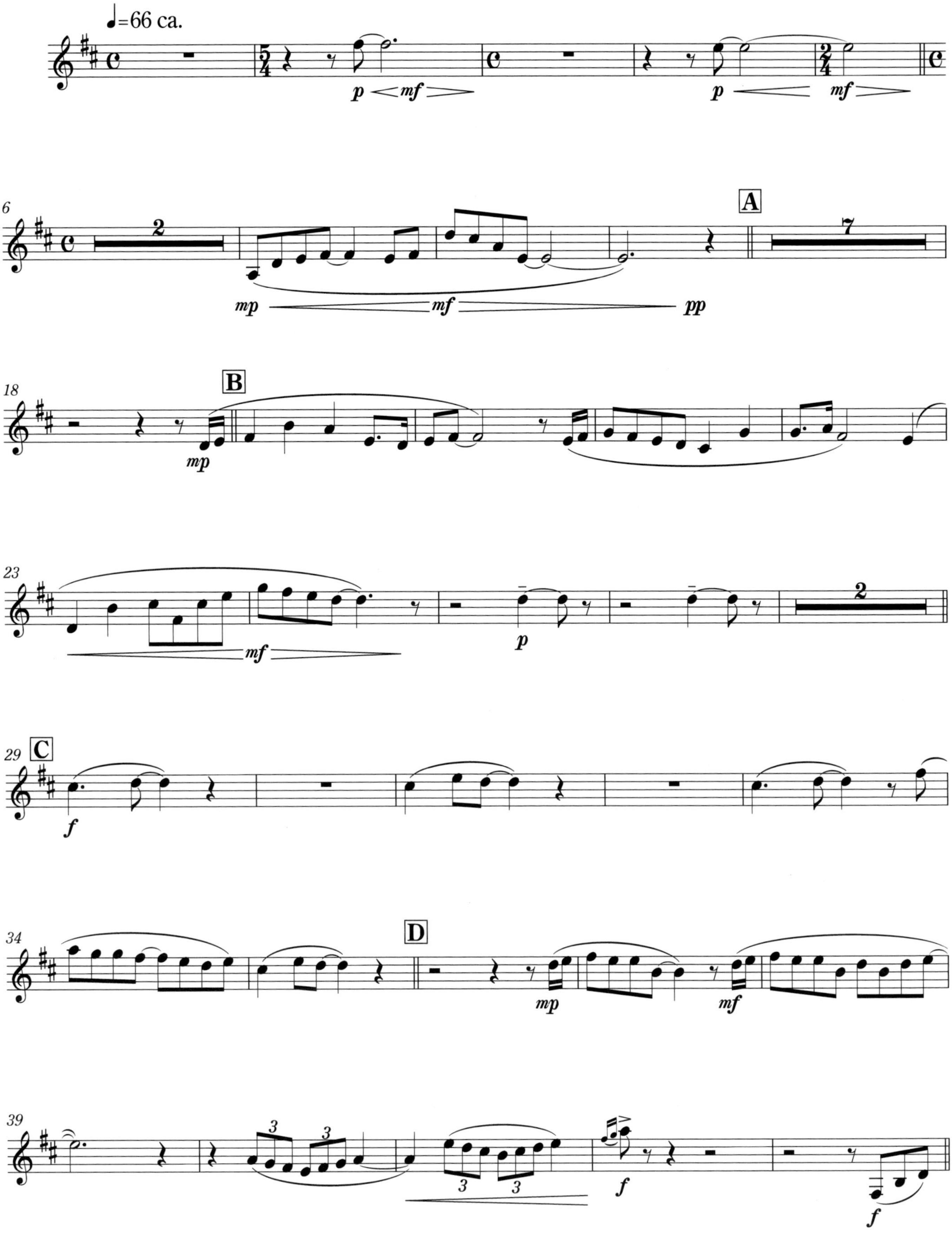

44 E
49 F
ff
54
mf
59 G H
4
pp
mp
67
mf
pp
72 I J
7
ff
82 K
2
4
mp
88
mf
f
mp
pp

JIN-仁- Main Title

高見　優 作曲
郷間幹男 編曲

43
E
f
48
F
ff
53
mf
58
G
pp
p
64
H
mp
mf
70
I
Opt.
pp
mp
76
J
ff
81
86
K
mp
mf
f
mp
pp

JIN-仁- Main Title

高見　優 作曲
郷間幹男 編曲

E
F
G
H
I
Opt.
J
K

JIN-仁- Main Title

高見　優 作曲
郷間幹男 編曲

E
F
G
H
4
Opt.Cl.2
I
Opt.
J
K

Alto Clarinet

WindsScore
Spielen Musik.

JIN-仁- Main Title

高見　優 作曲
郷間幹男 編曲

Bass Clarinet

Winds Score

JIN-仁- Main Title

高見　優 作曲
郷間幹男 編曲

WindsScore
Spielen Musik.

JIN-仁- Main Title

高見　優 作曲
郷間幹男 編曲

45
50
F
ff
55
mf
60
G
H
pp
p
2
67
Solo
I
mp
2
mp
73
78
J
ff
83
K
mp
Solo
mp
88
Solo end
2
mf
mp
pp

WindsScore
Spielen Musik.

JIN-仁- Main Title

高見　優 作曲
郷間幹男 編曲

46
51
F
ff
56
G
Opt.A.Sax.1
mf
pp
p
62
H
2
mp
69
2
Opt.A.Sax.1 Solo
I
mp
76
J
ff
81
mp
87
K
2
p
mf
mp
pp

Tenor Saxophone

JIN-仁- Main Title

髙見　優 作曲
郷間幹男 編曲

Baritone Saxophone

JIN-仁- Main Title

高見　優 作曲
郷間幹男 編曲

JIN-仁- Main Title

高見　優 作曲
郷間幹男 編曲

B♭ Trumpet 2

JIN-仁- Main Title

高見　優 作曲
郷間幹男 編曲

WindsScore
Spielen Musik.

JIN-仁- Main Title

高見　優 作曲
郷間幹男 編曲

F Horns 1&2

Winds Score

JIN-仁- Main Title

高見　優 作曲
郷間幹男 編曲

JIN-仁- Main Title

高見　優　作曲
郷間幹男　編曲

Trombone 1

JIN-仁- Main Title

高見　優 作曲
鄉間幹男 編曲

WindsScore
Spielen Musik.

JIN-仁- Main Title

高見　優 作曲
郷間幹男 編曲

Trombone 3

Winds Score
Spielen Musik.

JIN-仁- Main Title

高見　優 作曲
郷間幹男 編曲

Euphonium

JIN-仁- Main Title

高見　優 作曲
郷間幹男 編曲

Tuba

JIN-仁- Main Title

高見　優 作曲
郷間幹男 編曲

String Bass

WindsScore
Spielen Musik.

JIN-仁- Main Title

髙見　優 作曲
郷間幹男 編曲

Timpani

JIN-仁- Main Title

高見　優 作曲
郷間幹男 編曲

Percussion 1

Tam-tam, Sleigh Bell, Bass Drum

JIN-仁- Main Title

高見　優 作曲
郷間幹男 編曲

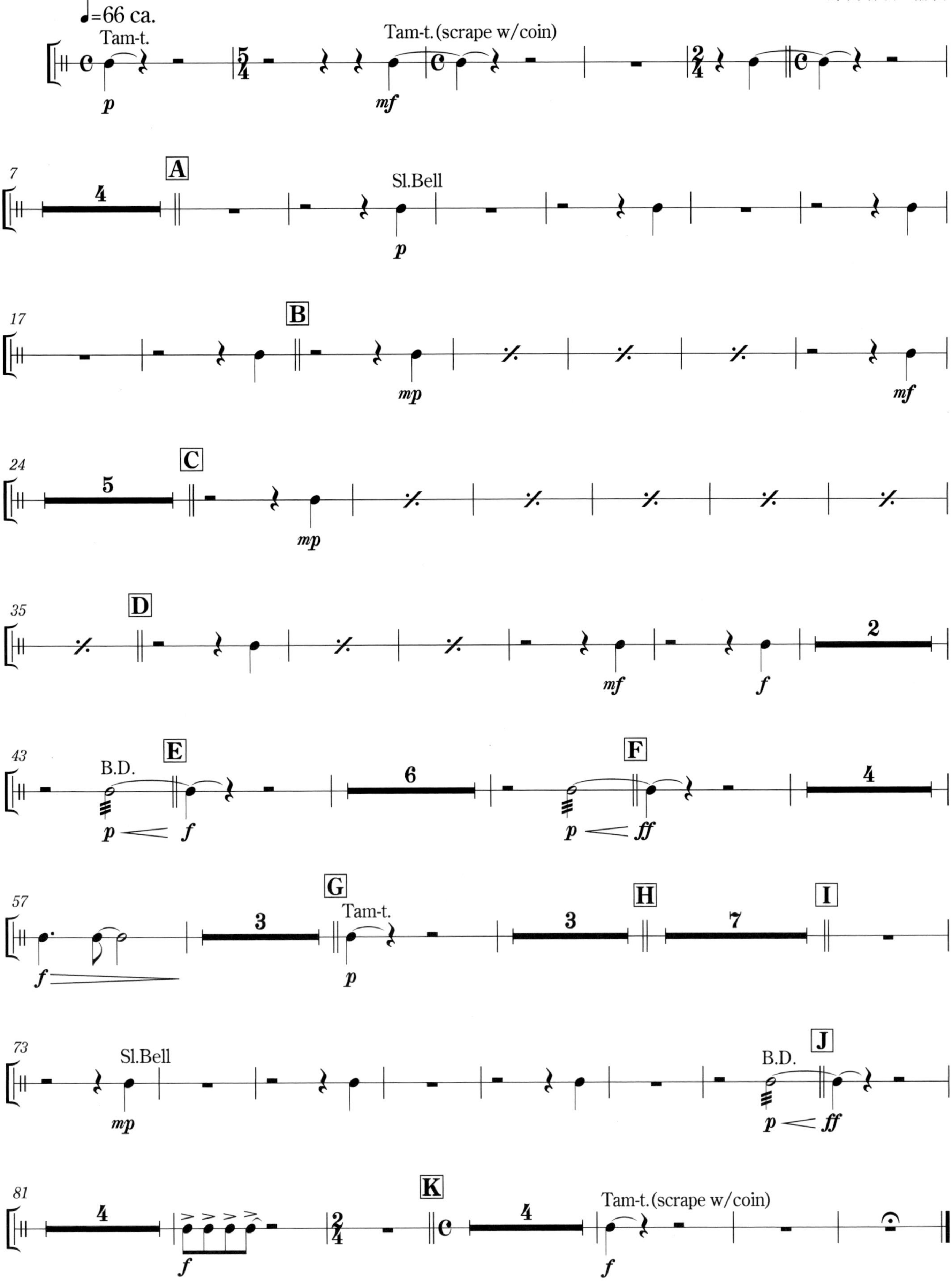

Percussion 2
Triangle, Crash Cymbals

WindsScore
Spielen Musik.

JIN-仁- Main Title

高見　優 作曲
郷間幹男 編曲

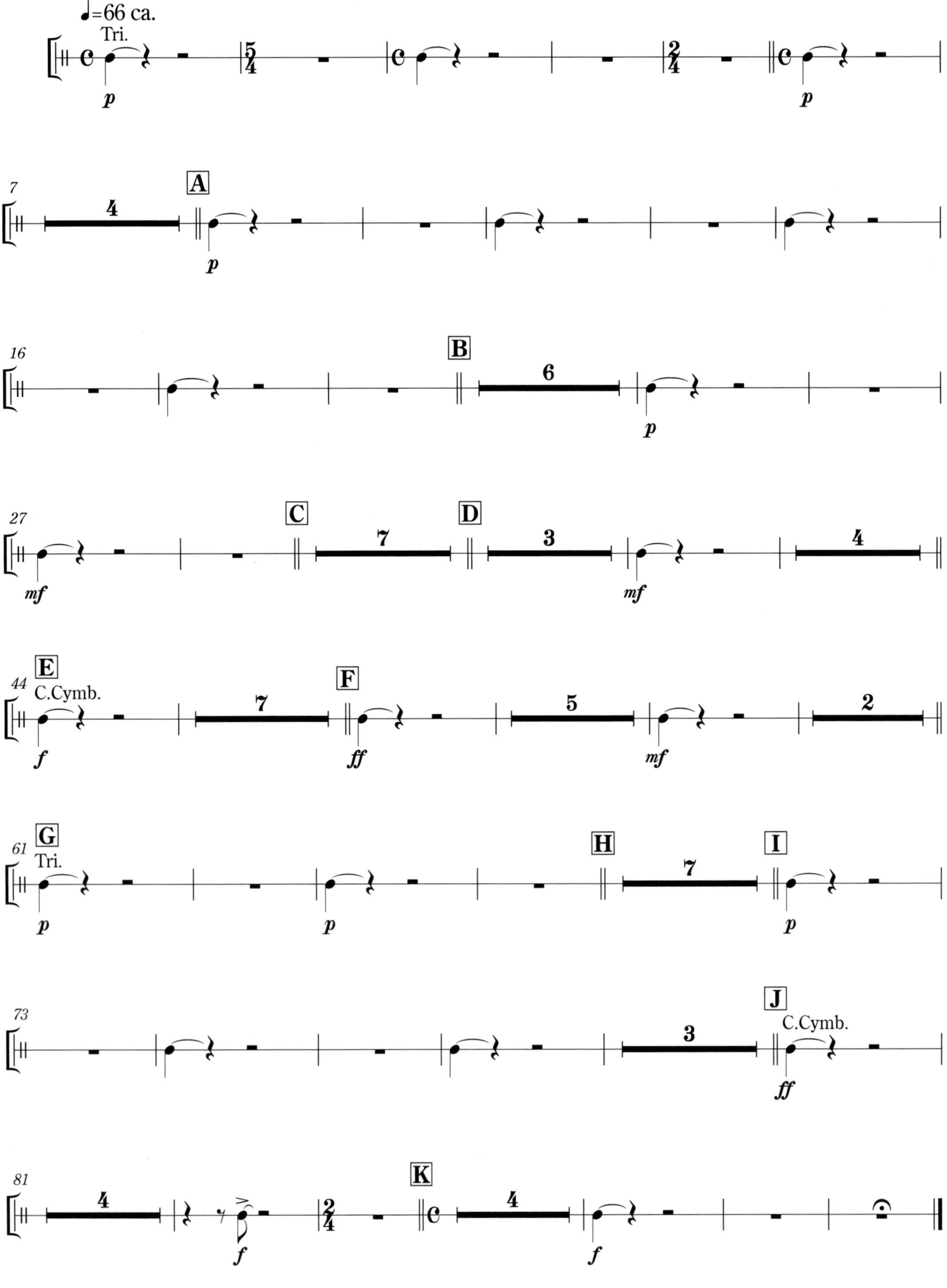

Percussion 3
Wind Chime, Suspended Cymbal

JIN-仁- Main Title

高見　優 作曲
郷間幹男 編曲

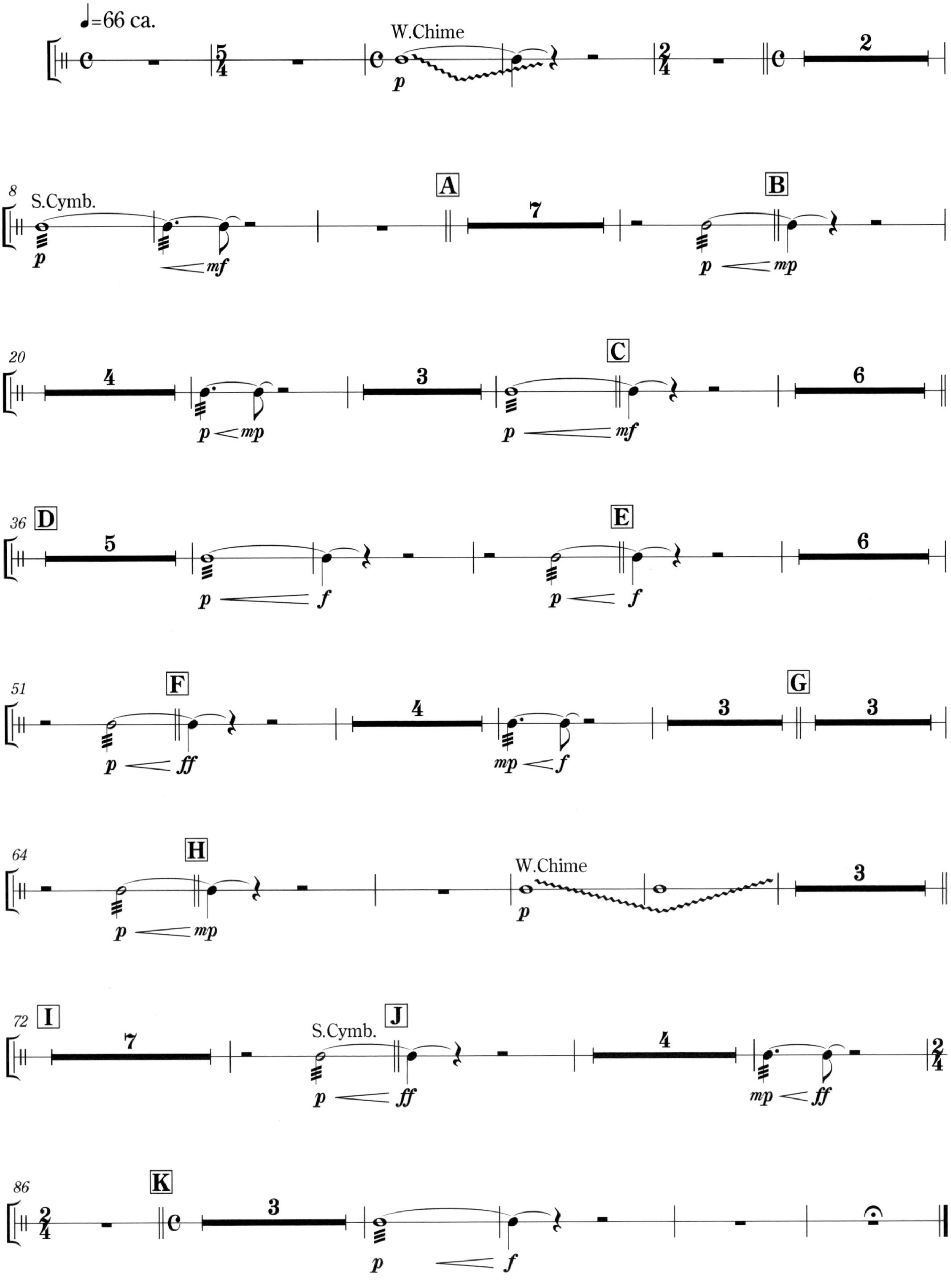

Percussion 4
Glockenspiel

JIN-仁- Main Title

高見　優 作曲
郷間幹男 編曲

JIN-仁- Main Title

高見　優 作曲
郷間幹男 編曲

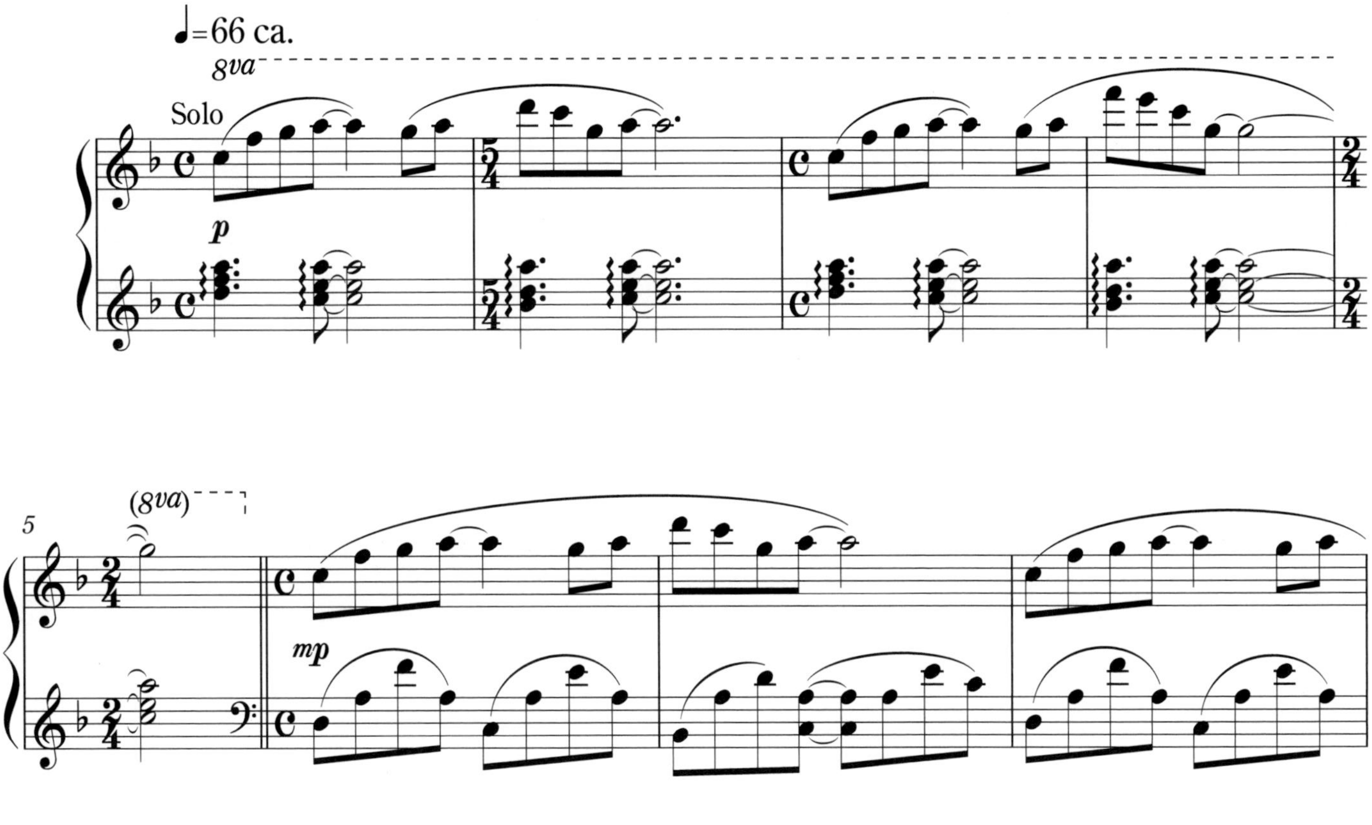

9
A
p
13
17
B
mp
21
mf
p
25
mf

29
C
f
mp
f
mp
33
D
f
mp
37
mf
41
E
f
f
45

49
F
ff
53
57
mf
pp
G
8va
61 Solo
p
mp
H
66
mf

70
pp
I
3
3
mp
77
J
ff
81
85
K
mp
mf
89
f
mp